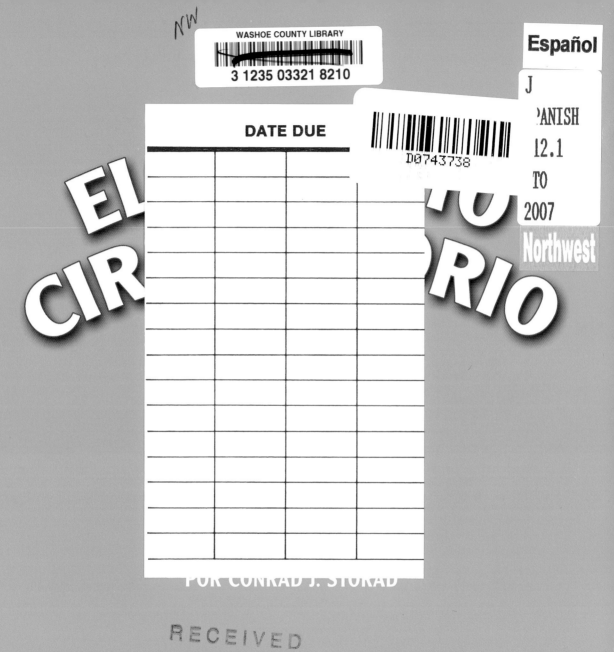

EL ... ...RIO
CIR...

POR CONRAD J. STORAD

EDICIONES LERNER • MINNEAPOLIS

Para mis bellas y maravillosas hijastras: Sarah, la enfermera, y Meghan, la maestra. Gracias por todo el amor y la generosidad que nos demuestran a su madre y a mí.

Traducción al español: copyright © 2007 por ediciones Lerner
Título original: *The Circulatory System*
Texto: copyright © 2005 por Conrad J. Storad

La edición en español fue realizada por un equipo de traductores nativos de español de translations.com, empresa mundial dedicada a la traducción.

ediciones Lerner
Una división de Lerner Publishing Group
241 First Avenue North
Minneapolis, MN 55401 EUA

Dirección de Internet: www.lernerbooks.com

Las fotografías presentes en este libro aparecen por cortesía de: © Dr. David M. Phillips/ Visuals Unlimited, págs. 5, 36 (inferior), 46; © Royalty-Free/CORBIS, págs. 6, 13, 15, 20, 24, 48 (superior); © Jim Cummins/CORBIS, pág. 7; © Susumu Nishinaga/Photo Researchers, Inc., pág. 8; © Dr. Gopal Murti/Visuals Unlimited, pág. 9; © Gregg Otto/Visuals Unlimited, pág. 10; © Stockbyte Royalty-Free, pág. 11; © Kelly/Mooney Photography/CORBIS, pág. 12; © Todd Strand/Independent Picture Service, págs. 14, 21, 25, 32; © SIU/Visuals Unlimited, págs. 16, 18; © Cheque/CORBIS, pág. 26; © Norbert Schaefer/CORBIS, pág. 27; © Carolina Biological/Visuals Unlimited, págs. 28, 30; © L. Bassett/Visuals Unlimited, pág. 31; © T. Kuwabara, D. W. Fawcett/ Visuals Unlimited, pág. 33; © Lester V. Bergman/CORBIS, págs. 34, 43; © Beth Johnson/ Independent Picture Service, pág. 36 (superior); © PhotoDisc Royalty Free de Getty Images, pág. 38; © Dr. Richard Kessel & Dr. Gene Shih/Visuals Unlimited, pág. 39; © Gladden Willis, M.D./Visuals Unlimited, pág. 40; © Dr. Donald Fawcett & E. Shelton/Visuals Unlimited, págs. 41, 48 (inferior); © Dr. Stanley Flegler/Visuals Unlimited, pág. 42; © Francisco Cruz/SuperStock, pág. 47. Ilustraciones cortesía de Laura Westlund, págs. 4, 17, 19, 22–23, 29, 35, 37. Fotografía de portada: © BSIP Agency/Index Stock Imagery. Ilustración de la contraportada de Bill Hauser.

Library of Congress Cataloging-in-Publication Data

Storad, Conrad J.
  [Circulatory system. Spanish]
  El aparato circulatorio / por Conrad J. Storad.
    p. cm. — (Libros sobre el cuerpo humano para madrugadores)
  Includes bibliographical references and index.
  ISBN-13: 978–0–8225–6252–8 (lib. bdg. : alk. paper)
  ISBN-10: 0–8225–6252–9 (lib. bdg. : alk. paper)
  I. Title. II. Series.
QP103.S76 2007
612.1—dc22   2006000313

Fabricado en los Estados Unidos de América
1 2 3 4 5 6 7 – JR – 12 11 10 09 08 07

CONTENIDO

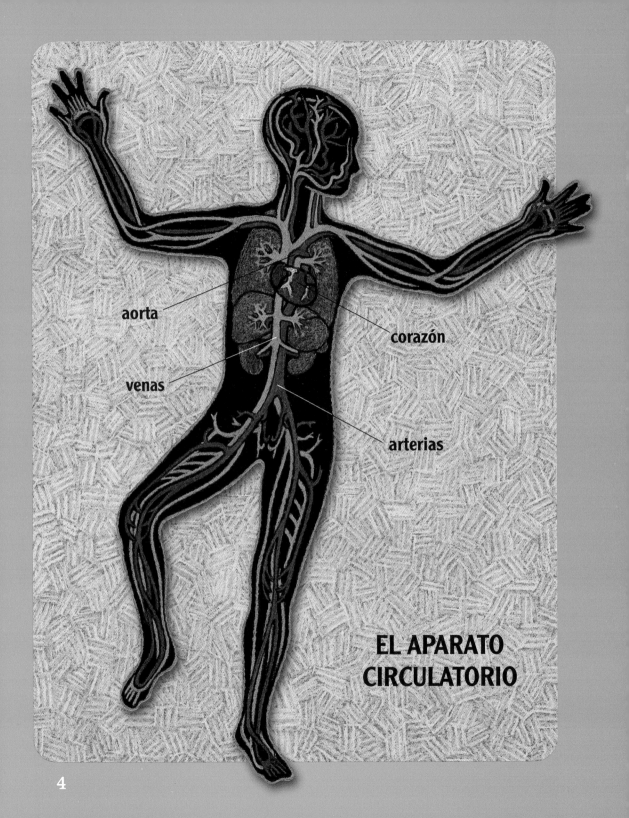

aorta

venas

corazón

arterias

**EL APARATO
CIRCULATORIO**

4

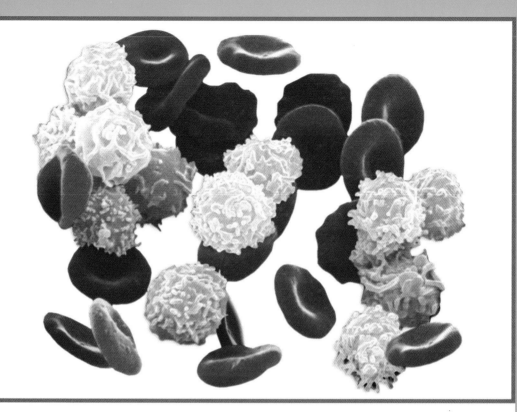

DETECTIVE DE PALABRAS

¿Puedes encontrar estas palabras mientras lees sobre el aparato circulatorio? Conviértete en detective y trata de averiguar qué significan. Si necesitas ayuda, puedes consultar el glosario de la página 46.

arterias
aurícula
capilares
coágulo
dióxido de
   carbono

glóbulos blancos
glóbulos rojos
hemoglobina
oxígeno
plaquetas
plasma

sangre
válvulas
vasos sanguíneos
venas
ventrículo

CAPÍTULO 1

COMPONENTES QUE TRABAJAN EN EQUIPO

Las distintas partes de tu cuerpo trabajan en equipo. ¿Cómo se llama un grupo de partes diferentes que trabajan en equipo?

Cada parte de nuestro cuerpo tiene una función. Varias partes trabajan en equipo y forman sistemas y aparatos.

El cuerpo tiene muchos sistemas y aparatos. Uno de ellos le ayuda al cuerpo a convertir el

alimento en energía. Otro le permite respirar.
Otro le ayuda a moverse.

Un aparato importante es el aparato
circulatorio. Su función es bombear sangre a todas
partes del cuerpo.

Si no tuvieras aparato circulatorio no podrías trepar, saltar ni correr.

El aparato circulatorio está formado por el corazón, la sangre y muchos tubos fuertes llamados vasos sanguíneos. El corazón impulsa la sangre por los vasos sanguíneos y éstos la transportan a todas partes del cuerpo.

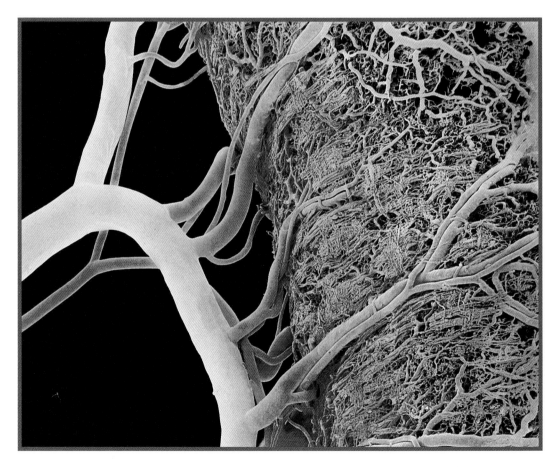

Los vasos sanguíneos son tubos que transportan la sangre a todas partes del cuerpo.

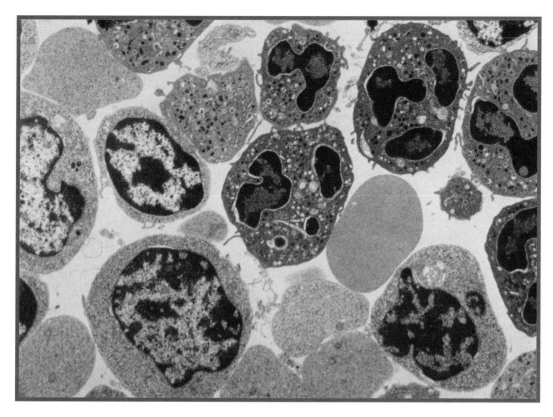

Tu cuerpo está formado por millones de células diminutas. Esta fotografía de las células de un hueso se tomó con un microscopio.

Todos los componentes del cuerpo están hechos de células. Las células son tan pequeñas que se necesita un microscopio para verlas. El cuerpo humano tiene muchos tipos de células: células musculares, células óseas, células de la piel, células del cerebro, células nerviosas y células sanguíneas.

Tu cuerpo descompone todo lo que comes o bebes. Luego, la sangre transporta el alimento a las células.

Todas las células necesitan alimento para vivir. Cada vez que comemos o bebemos, la comida pasa a la sangre. Todas las células también necesitan oxígeno, que es un gas del aire. Cada vez que respiramos, llega oxígeno a la sangre. Luego, la sangre transporta el alimento y el oxígeno a todas las células.

Al hacer su trabajo, las células producen desechos. La sangre recoge los desechos y se los lleva. El dióxido de carbono, que es un tipo de gas, es uno de los desechos de las células. La sangre transporta el dióxido de carbono desde las células hasta los pulmones. Cada vez que exhalamos, nos deshacemos del dióxido de carbono. Las células también producen otros tipos de desechos. El cuerpo los elimina cada vez que vamos al baño.

Cuando exhalas, te deshaces del dióxido de carbono.

CAPÍTULO 2

EL CORAZÓN

Tu corazón nunca deja de bombear sangre. ¿De qué está hecho?

El corazón cumple una función muy importante: bombea la sangre a todas partes del cuerpo. Lo hace cada segundo, todos los días, sin parar.

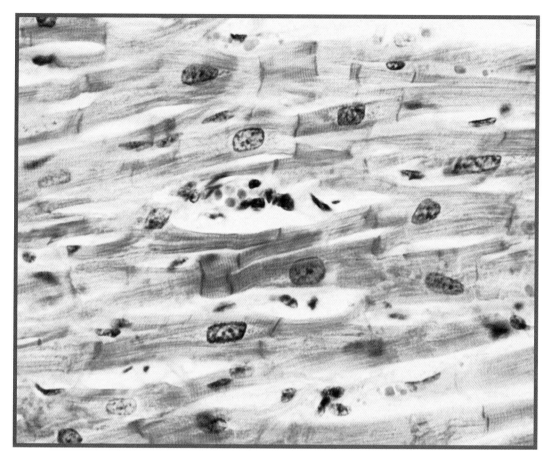

Las células del músculo cardíaco son largas y delgadas.

El corazón puede bombear sangre porque está hecho de músculo. Los músculos de tus brazos y piernas mueven los huesos. El músculo del corazón se contrae para bombear la sangre por todo el cuerpo.

El corazón trabaja mucho pero no es muy grande. Tu corazón tiene aproximadamente el mismo tamaño que tu puño.

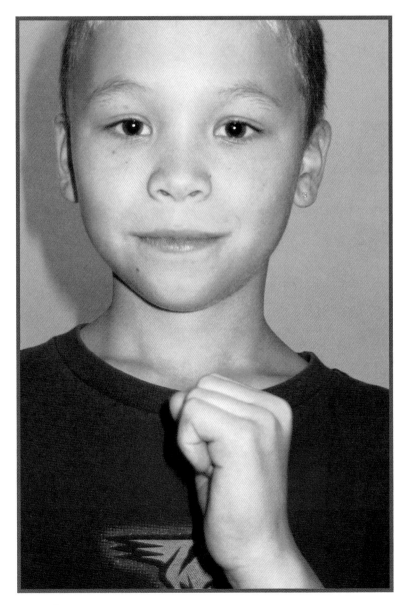

Tu corazón tiene aproximadamente el mismo tamaño que tu puño.

Tu corazón late por su cuenta. No tienes que pensar para que bombee sangre. Así puedes pensar en otras cosas, como la tarea de la escuela.

El corazón bombea sangre cuando comemos, cuando dormimos y cuando hacemos ejercicio. Nunca descansa.

En medio del corazón hay una pared muscular gruesa llamada tabique. El tabique divide el corazón en dos mitades: la derecha y la izquierda. También impide que la sangre de un lado del corazón pase al otro lado.

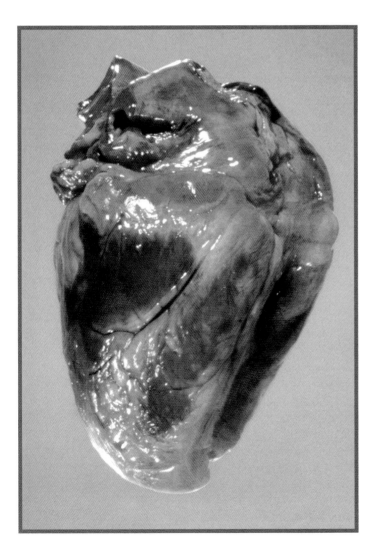

El corazón de un adulto pesa sólo unas 10 onzas (0.3 kilogramos), es decir, un poco más que una naranja.

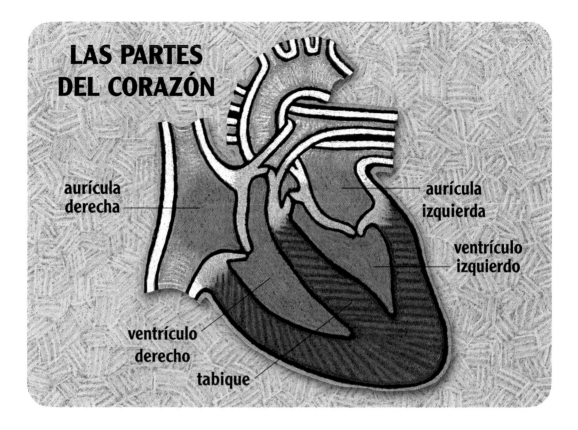

LAS PARTES DEL CORAZÓN

aurícula derecha

aurícula izquierda

ventrículo izquierdo

ventrículo derecho

tabique

Cada mitad del corazón tiene dos cámaras huecas, una encima de la otra. Las cámaras superiores se llaman aurículas. Hay una aurícula derecha y una aurícula izquierda. Las cámaras inferiores se llaman ventrículos. Hay un ventrículo derecho y un ventrículo izquierdo. Cuando el corazón bombea la sangre, ésta pasa por cada una de las cámaras.

La sangre siempre se mueve en la misma dirección dentro del corazón. Pasa de la aurícula izquierda al ventrículo izquierdo, y de la aurícula derecha al ventrículo derecho. No puede devolverse.

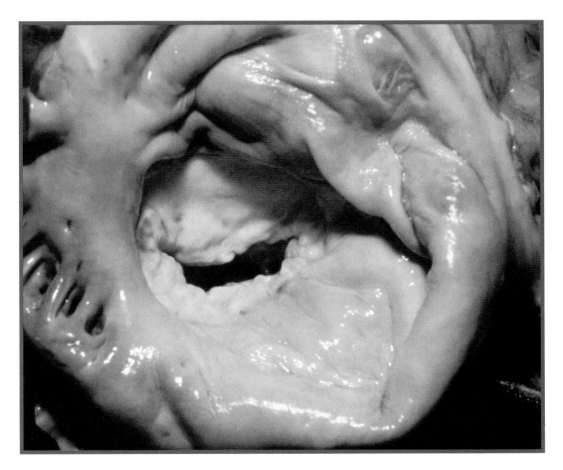

Para que la sangre no se devuelva dentro del corazón, hay unas solapas de músculo que se cierran.

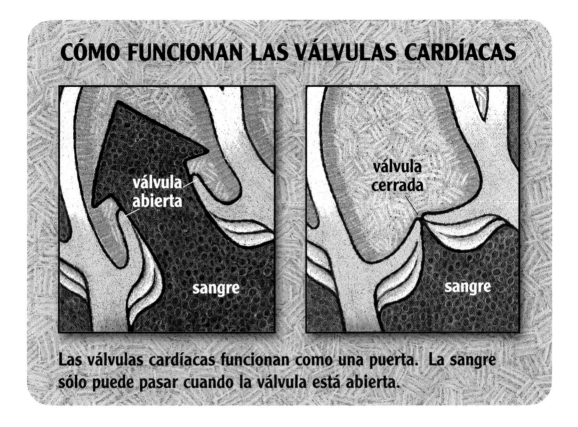

CÓMO FUNCIONAN LAS VÁLVULAS CARDÍACAS

válvula abierta

sangre

válvula cerrada

sangre

Las válvulas cardíacas funcionan como una puerta. La sangre sólo puede pasar cuando la válvula está abierta.

Cada mitad del corazón tiene solapas especiales de músculo. Las solapas se llaman válvulas y separan la aurícula del ventrículo. Cada válvula es como una puerta. Se abre para un solo lado. Cuando se abre, la sangre de la aurícula fluye al ventrículo. Luego la válvula se cierra rápidamente e impide que la sangre vuelva a la aurícula.

En la pared exterior de cada ventrículo hay otra válvula. Cuando los ventrículos están llenos de sangre, las válvulas se abren y la sangre de los ventrículos fluye hacia los vasos sanguíneos. Luego, las válvulas se vuelven a cerrar.

Los médicos escuchan cómo late el corazón para asegurarse de que esté funcionando bien.

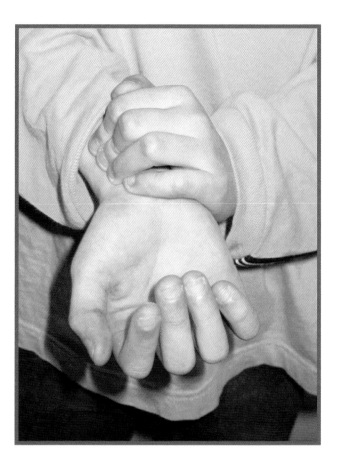

Presiona firmemente con los dedos la parte interior de la muñeca. ¿Sientes el bombeo de la sangre?

El corazón hace un sonido cada vez que las válvulas se cierran. Ese sonido se llama latido. Suena como: *pum-BUM, pum-BUM, pum-BUM.*

El lado derecho del corazón bombea sangre a los pulmones. El lado izquierdo bombea sangre al resto del cuerpo. El corazón se comprime cada vez que bombea sangre.

El corazón late una y otra vez. Siempre late de la misma manera. Primero se relaja. La sangre entra en la aurícula izquierda. Esta sangre viene de los pulmones y transporta mucho oxígeno. Exactamente al mismo tiempo, la aurícula derecha se llena de sangre. Esta sangre viene de las células del cuerpo y no tiene mucho oxígeno.

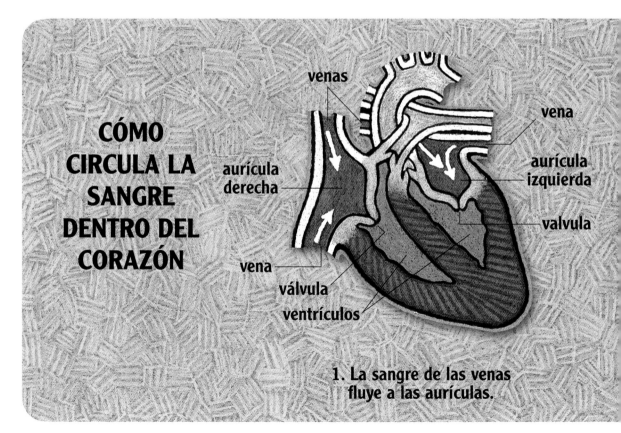

CÓMO CIRCULA LA SANGRE DENTRO DEL CORAZÓN

venas

vena

aurícula derecha

aurícula izquierda

valvula

vena

válvula

ventrículos

1. La sangre de las venas fluye a las aurículas.

Las válvulas que hay dentro del corazón se abren. El músculo cardíaco se contrae. La sangre de las aurículas pasa a los ventrículos. Las válvulas se cierran rápidamente: *pum*.

Luego, se abren las válvulas del exterior de los ventrículos. El músculo cardíaco se contrae. La sangre sale de los ventrículos hacia los vasos sanguíneos. Las válvulas se cierran rápidamente: *BUM*.

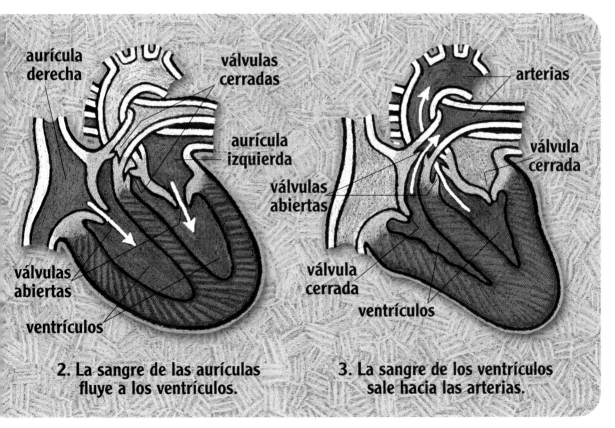

2. La sangre de las aurículas fluye a los ventrículos.

3. La sangre de los ventrículos sale hacia las arterias.

El ventrículo derecho impulsa la sangre hacia los pulmones. Allí, la sangre absorbe oxígeno y se dirige nuevamente al corazón.

El ventrículo izquierdo impulsa la sangre al resto del cuerpo, desde la cabeza hasta los dedos de los pies.

Tu corazón es fuerte. Puede bombear sangre más arriba de tu cabeza.

Si las células del cerebro no reciben suficiente oxígeno, la persona se desmaya. Si estás mareado y tienes una sensación extraña, siéntate y agacha la cabeza. Así el corazón puede bombear mucha sangre y oxígeno al cerebro.

La sangre del ventrículo izquierdo transporta mucho oxígeno a las células del cuerpo. Luego, vuelve al corazón. El ventrículo derecho la bombeará a los pulmones para que vuelva a recolectar oxígeno.

Cuando un adulto sano está sentado y quieto, el corazón le late aproximadamente 70 veces por minuto. Si corremos o saltamos, el corazón late más rápidamente. Cuando nos movemos mucho, las células del cuerpo tienen que trabajar más. Para ello necesitan más oxígeno. El corazón late más rápidamente para llevar más oxígeno a las células.

Cuando duermes, tu corazón late lentamente.

Cuando corres, tu corazón late rápidamente.

El corazón late más lentamente cuando dormimos. En ese momento, las células del cuerpo no tienen que trabajar tanto. Por lo tanto, no necesitan tanto oxígeno. El corazón late una y otra vez. Lo hace cada segundo, todos los días, de día y de noche. *Pum-BUM. Pum-BUM. Pum-BUM.*

CAPÍTULO 3

LOS VASOS SANGUÍNEOS

Los vasos sanguíneos llevan la sangre por todo el cuerpo. ¿Cuántos tipos de vasos sanguíneos hay?

La sangre siempre se está moviendo por el cuerpo en dos grandes círculos. Uno va del corazón a los pulmones y de regreso al corazón. El otro va del corazón al resto del cuerpo, y de vuelta al corazón.

La sangre viaja a través de los vasos sanguíneos. Unos vasos sanguíneos son grandes y otros son pequeños. Hay tres tipos de vasos sanguíneos.

CÓMO EL CORAZÓN BOMBEA SANGRE POR EL CUERPO

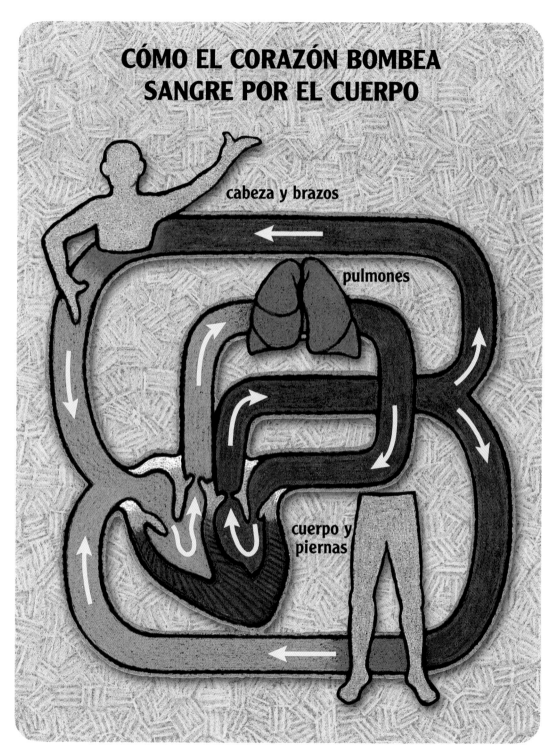

cabeza y brazos

pulmones

cuerpo y
piernas

Los vasos sanguíneos más fuertes se llaman arterias. Las arterias tienen paredes gruesas y resistentes. Llevan sangre desde el corazón a todas partes del cuerpo.

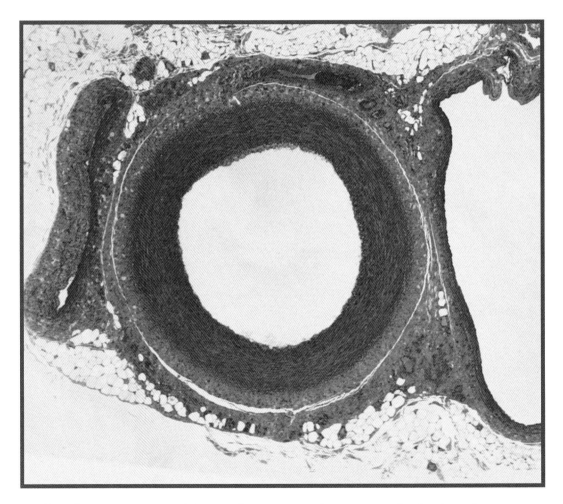

Esta imagen muestra las paredes gruesas de una arteria, hechas de tejido muscular fuerte.

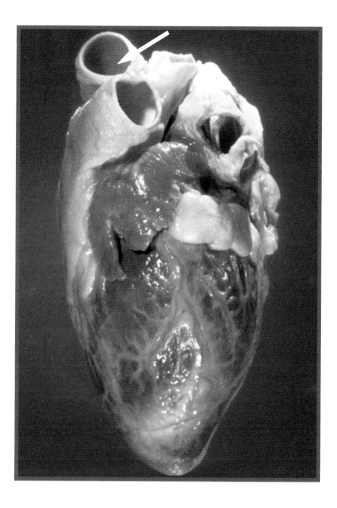

La flecha muestra dónde se conecta la aorta al corazón.

La arteria más grande es la aorta. La aorta de un adulto es casi tan ancha como una moneda de veinticinco centavos de dólar. La aorta está conectada al ventrículo izquierdo. Desde ella se ramifican arterias más pequeñas. A medida que la sangre se aleja del corazón, las arterias se hacen cada vez más pequeñas.

Las venas son el segundo tipo de vasos
sanguíneos. Tienen paredes resistentes, pero no son
tan fuertes como las arterias. Las venas llevan la
sangre de vuelta al corazón. La sangre de algunas de
las venas lleva desechos de las células. No contiene
mucho oxígeno. Otras venas llevan sangre desde los
pulmones. Esta sangre contiene mucho oxígeno que
está listo para ser transportado a las células.

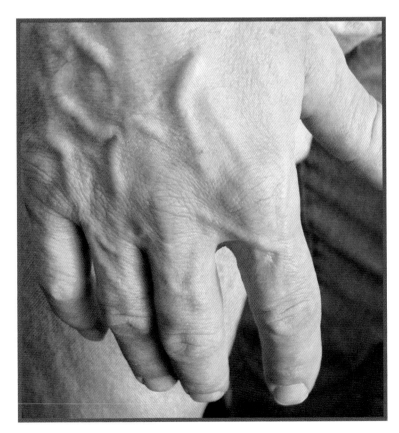

**Puedes ver las
venas que esta
persona tiene
bajo la piel de
las manos.**

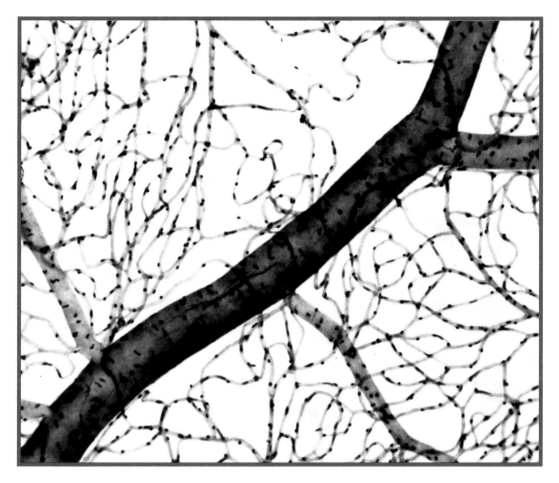

Las venas más grandes del cuerpo se conectan al corazón. A medida que se alejan del corazón, las venas son más pequeñas.

Las venas más grandes de un adulto son casi tan anchas como un lápiz. Son las que se conectan a las aurículas del corazón. Las venas que están más lejos del corazón son más pequeñas.

Los vasos sanguíneos más pequeños se llaman capilares. Los capilares conectan las arterias más pequeñas a las venas más pequeñas. Son muy importantes, pues transportan la sangre a cada una de las células del cuerpo.

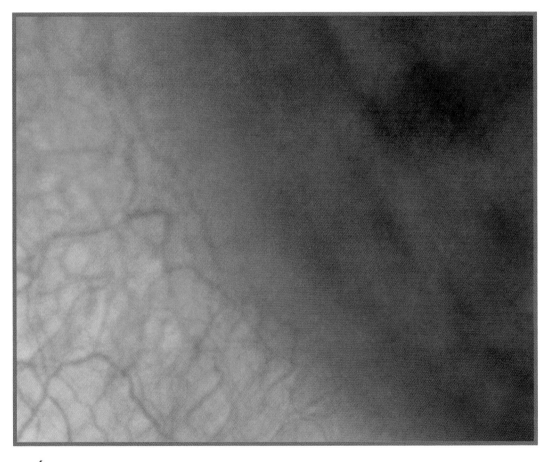

Ésta es una imagen ampliada de una parte de un ojo. Las líneas rojas son capilares.

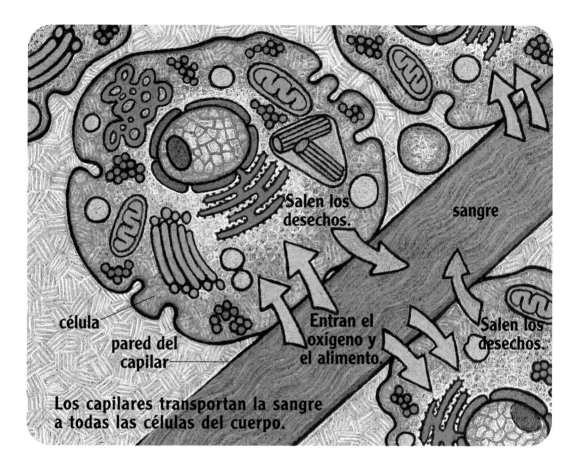

célula

pared del capilar

Salen los desechos.

sangre

Entran el oxígeno y el alimento.

Salen los desechos.

Los capilares transportan la sangre a todas las células del cuerpo.

Los capilares son diminutos y sus paredes son muy delgadas. El alimento, el oxígeno y los desechos pueden atravesar las paredes de los capilares. El alimento y el oxígeno pasan de la sangre a las células y los desechos pasan de las células a los capilares. Los capilares llevan a las venas la sangre cargada de desechos para que el cuerpo pueda deshacerse de ellos.

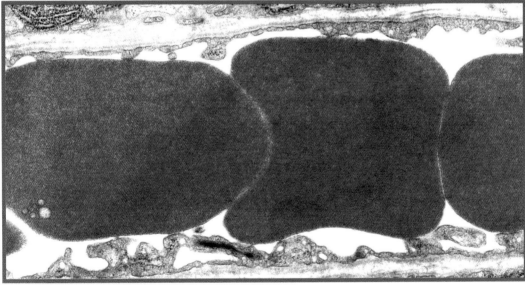

FOTO SUPERIOR: El ejercicio hace que a algunas personas se les pongan las mejillas coloradas. El color se debe a la sangre de los capilares que están bajo la piel.

FOTO INFERIOR: Los capilares son diminutos. Dentro de ellos, las células sanguíneas viajan apretadas.

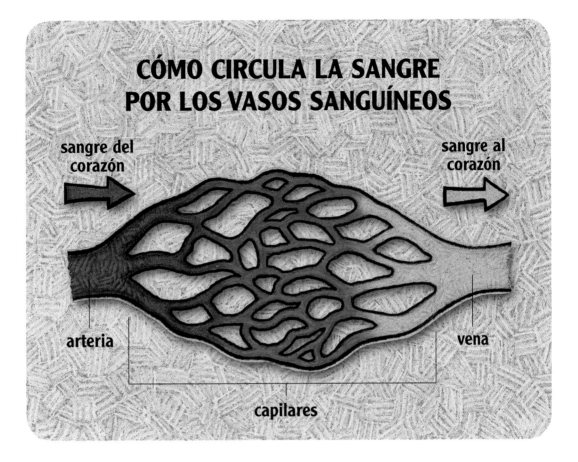

CÓMO CIRCULA LA SANGRE POR LOS VASOS SANGUÍNEOS

sangre del corazón

sangre al corazón

arteria

vena

capilares

La sangre viaja por el cuerpo una y otra vez. Circula del corazón a las arterias. Éstas la transportan a los capilares de todas partes del cuerpo. La sangre pasa de los capilares a las venas. Luego, las venas la transportan otra vez al corazón. La sangre circula de esta manera una y otra vez, cada minuto, todos los días.

CAPÍTULO 4

LA SANGRE

Una persona enferma o lesionada puede necesitar más sangre. Otros pueden ayudarla compartiendo parte de su sangre. ¿Por qué la sangre es roja?

La sangre tiene muchos componentes. Hay glóbulos rojos, glóbulos blancos y plaquetas. Todas estas células flotan en un líquido transparente llamado plasma. La mayoría de las células suspendidas en el plasma son glóbulos rojos. Por eso la sangre es roja.

Los glóbulos rojos parecen pequeñas rosquillas sin agujero en el centro.

Los glóbulos rojos parecen rosquillas aplanadas y rojas. Contienen una sustancia química llamada hemoglobina. El oxígeno se une a la hemoglobina, que lo transporta a las células del cuerpo.

El cuerpo tiene millones de glóbulos rojos. Estas células viven poco tiempo. Sin embargo, el cuerpo siempre está produciendo nuevos glóbulos rojos en el interior de los huesos.

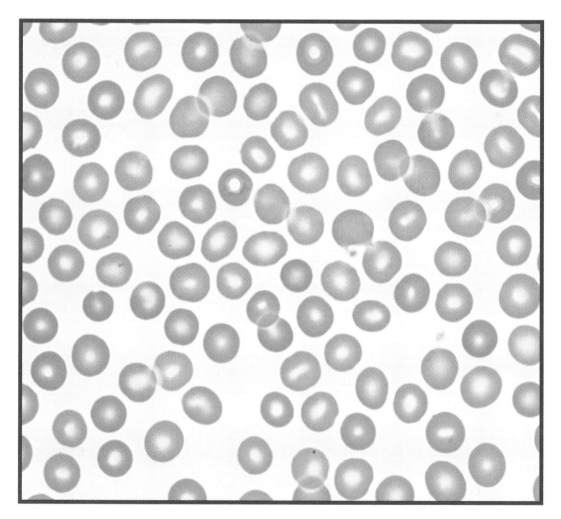

Los glóbulos rojos viven de tres a cuatro meses.

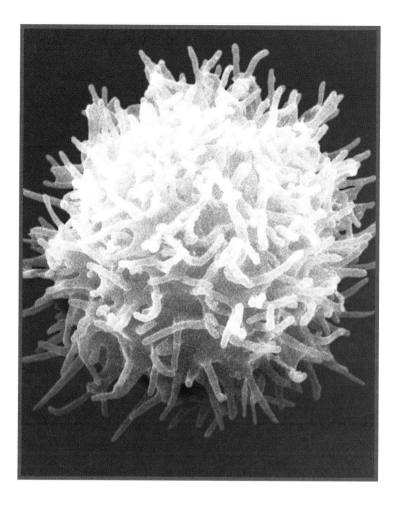

Los glóbulos blancos parecen bolas blancas de superficie irregular.

No hay tantos glóbulos blancos como rojos. Aun así, los glóbulos blancos son muy importantes. Son los guardianes de la sangre. Protegen el cuerpo de cosas que pueden enfermarnos. Los glóbulos blancos se comen los microbios y otras cosas malas que entran en la sangre.

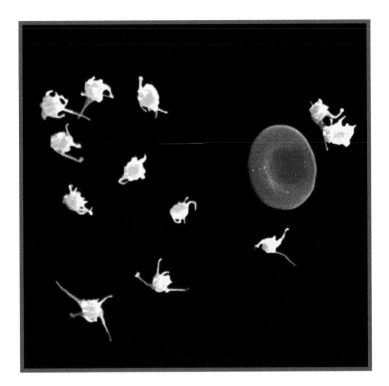

Las plaquetas son mucho más pequeñas que los glóbulos rojos.

La sangre también tiene otros componentes diminutos llamados plaquetas, que le sirven al cuerpo para repararse a sí mismo.

Cuando nos lastimamos, los vasos sanguíneos se pueden cortar o romper. Puede salir sangre por un agujero de un vaso sanguíneo. Cuando esto sucede, hay que cerrar el agujero. Las plaquetas se adhieren a los bordes del agujero y se amontonan unas sobre otras en grandes cantidades. Les indican a los glóbulos rojos que se aglomeren allí para tapar el agujero. Las células forman un tapón duro llamado coágulo. El coágulo tapa el agujero e impide que la sangre salga.

La sangre es un componente importante del aparato circulatorio, pero no es el único. La sangre necesita el corazón y el corazón necesita los vasos sanguíneos. Todos los componentes trabajan en equipo para mantenernos vivos.

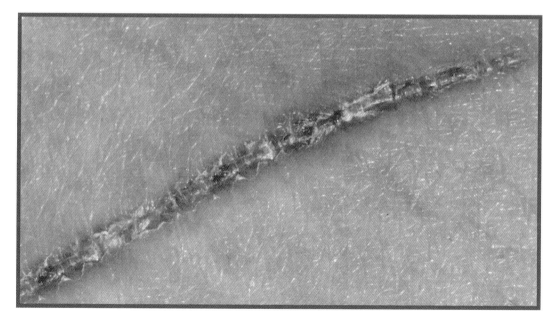

Las plaquetas y los glóbulos rojos trabajan en equipo para detener el sangrado y curar las heridas.

SOBRE COMPARTIR UN LIBRO

Al compartir un libro con un niño, le demuestra que leer es importante. Para aprovechar al máximo la experiencia, lean en un lugar cómodo y tranquilo. Apaguen el televisor y eviten otras distracciones, como el teléfono. Estén preparados para comenzar lentamente. Túrnense para leer distintas partes del libro. Deténganse de vez en cuando para hablar de lo que están leyendo. Hablen sobre las fotografías. Si el niño comienza a perder interés, dejen de leer. Cuando retomen el libro, repasen las partes que ya han leído.

DETECTIVE DE PALABRAS

La lista de la página 5 contiene palabras que son importantes para entender el tema de este libro. Conviértanse en detectives de palabras y búsquenlas mientras leen juntos el libro. Hablen sobre el significado de las palabras y cómo se usan en la oración. ¿Alguna de estas palabras tiene más de un significado? La definición de las palabras se encuentra en el glosario de la página 46.

¿QUÉ TAL UNAS PREGUNTAS?

Use preguntas para asegurarse de que el niño entienda la información de este libro. He aquí algunas sugerencias:

> ¿Qué nos dice este párrafo? ¿Qué muestra la imagen? ¿Qué crees que aprenderemos ahora? ¿Qué hace el aparato circulatorio? ¿Qué tamaño tiene tu corazón? ¿Por qué tu corazón late más rápido cuando haces ejercicio? ¿Cuáles son los tres tipos de vasos sanguíneos? ¿De qué está hecha la sangre? ¿Cuál es tu parte favorita del libro? ¿Por qué?

Si el niño tiene preguntas, no dude en responder con otras preguntas, como: ¿Qué crees *tú*? ¿Por qué? ¿Qué es lo que no sabes? Si el niño no recuerda algunos datos, consulten el índice.

PRESENTACIÓN DEL ÍNDICE

El índice le permite al lector encontrar información sin tener que revisar todo el libro. Consulte el índice de la página 47. Elija una entrada, por ejemplo *glóbulos rojos*, y pídale al niño que use el índice para averiguar dónde se producen los glóbulos rojos. Repita este proceso con todas las entradas que desee. Pídale al niño que señale las diferencias entre un índice y un glosario. (El índice le sirve al lector para encontrar información, mientras que el glosario explica el significado de las palabras.)

EL APARATO CIRCULATORIO

LIBROS

Frost, Helen. *The Circulatory System.* **Mankato, MN: Pebble Books, 2001.** Habla del aparato circulatorio, su objetivo, partes y funciones.

Gray, Susan Heinrichs. *The Circulatory System.* **Chanhassen, MN: Child's World, 2004.** Este libro brinda explicaciones claras y dinámicas sobre el funcionamiento del aparato circulatorio.

Royston, Angela. *Why Do Bruises Change Color?: And Other Questions About Blood.* **Chicago, IL: Heinemann Library, 2003.** ¿Cómo se mueve la sangre por el cuerpo? ¿Por qué siempre se enfrían primero las manos y los pies? Encuentra las respuestas a éstas y otras preguntas sobre la sangre.

Stille, Darlene R. *The Circulatory System.* **New York: Children's Press, 1997.** Describe las partes del aparato circulatorio humano y explica cómo y por qué la sangre circula por todo el cuerpo.

SITIOS WEB

Circulatory System
http://hes.ucf.k12.pa.us/gclaypo/circulatorysys.html
Este sitio Web tiene datos y diagramas sobre el aparato circulatorio. Tiene además una secuencia animada de cómo la sangre circula por el corazón.

My Body
http://www.kidshealth.org/kid/body/mybody.html
Este divertido sitio Web tiene información sobre los sistemas y aparatos del cuerpo, además de películas, juegos y actividades.

Pathfinders for Kids: The Circulatory System — The Life Pump
http://infozone.imcpl.org/kids_circ.htm
Esta página Web tiene una lista de recursos que puedes usar para aprender más sobre el aparato circulatorio.

GLOSARIO

arterias: tubos que transportan la sangre desde el corazón

aurícula: una de las cámaras superiores del corazón

capilares: vasos sanguíneos diminutos que conectan las arterias más pequeñas a las venas más pequeñas

coágulo: tapón hecho de plaquetas y glóbulos rojos

dióxido de carbono: gas que forma parte de los desechos producidos por las células

glóbulos blancos: células que protegen el cuerpo de cosas que pueden enfermarnos

glóbulos rojos: células de la sangre que transportan oxígeno; parecen rosquillas aplanadas y rojas.

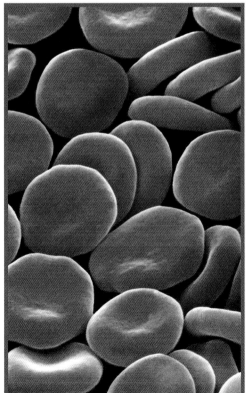

hemoglobina: sustancia química de los glóbulos rojos que le ayuda a la sangre a llevar oxígeno a las células del cuerpo

oxígeno: gas del aire que las células necesitan

plaquetas: componentes diminutos de la sangre que le sirven al cuerpo para repararse a sí mismo

plasma: parte líquida de la sangre en la que flotan los glóbulos rojos, los glóbulos blancos y las plaquetas

sangre: líquido rojo que el corazón bombea por el cuerpo

válvulas: solapas de músculo que impiden que la sangre se devuelva dentro del corazón

vasos sanguíneos: tubos por los que circula la sangre dentro del cuerpo

venas: tubos que transportan la sangre al corazón

ventrículo: una de las cámaras inferiores del corazón

ÍNDICE

Las páginas resaltadas en **negrita** hacen referencia a fotografías.

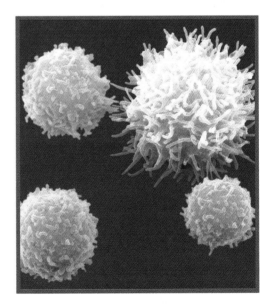